I0122287

INVENTAIRE
Ye 14,940

1830

SATIRE POLITIQUE

PAR

BARTHÉLEMY.

✳

To be, or not to be, that is the question.
SHAKSPEARE. Hamlet.

Il ne reste qu'un choix, d'être ou de n'être plus.

✳

.PRIX : 2 FR. 50 C.

PARIS

A.-J. DENAIN, LIBRAIRE,
RUE VIVIENNE, N. 16.
1830
IMPRIMERIE DE J. TASTU.

1830.

OUVRAGES DE MM. MÉRY ET BARTHELEMY.

Satires.

Poëmes.

Pour paraître prochainement.

DOUZE JOURNÉES DE LA RÉVOLUTION.

(C.)

Imprimerie de J. Tastu, rue de Vaugirard, n. 36.

1830

SATIRE POLITIQUE

PAR

BARTHÉLEMY.

—

To be, or not to be, that is the question.
SHAKSPEARE. Hamlet.

Il ne reste qu'un choix, d'être ou de n'être plus.

—

PARIS

A.-J. DÉNAIN, LIBRAIRE,
RUE VIVIENNE, N. 16.
1830

Avis de l'Auteur.

Plusieurs journaux périodiques ont donné des extraits de cette satire quelques jours avant sa publication. Ces citations ont été faites d'après les premières épreuves tout-à-fait incorrectes, et communiquées à mon insu. En conséquence, je déclare qu'elles sont inexactes, et non conformes au texte original.

C'est au moment de subir une captivité individuelle que je consacre ce nouveau chant à nos libertés publiques; puissé-je, quand je serai redevenu libre, ne pas me trouver enveloppé dans le grand esclavage de la France!

Encore une fois je descends dans l'arène, réduit à la moitié de mes forces; M. Méry, à qui l'amitié et les habitudes littéraires m'unissent si étroitement, est toujours retenu dans notre patrie commune par sa santé chancelante, et par le plus grand des malheurs domestiques, le deuil paternel. Si nos lecteurs se plaignent au premier abord de ne pas trouver ici l'empreinte ordinaire de nos ouvrages, je n'en serai certainement pas surpris, moi, qui, dans cette composition, ai tant éprouvé le vide de cette absence, et qui ne cesse de gémir sur cette mutilation passagère.

Peut-être est-ce à ce chagrin particulier que je dois attribuer le ton grave, la couleur sombre, l'amère inquiétude qui dominent dans cet écrit? On conviendra du moins que cette teinte générale est assez en harmonie avec le tableau politique du jour, et suffisamment justifiée par les chances désastreuses en ce moment suspendues sur la patrie.

La littérature des peuples est l'expression de chaque époque de leur existence ; elle doit subir leurs révolutions, et changer comme leurs mœurs, leurs gouvernemens ou leurs croyances religieuses ; si elle demeurait stationnaire, elle manquerait de vérité ; ceci s'applique plus particulièrement à la poésie. Les *Corbiéréide*, les *Villéliade*, les *Peyronnéide*, etc., etc., marquées à la fois de sévérité et de ridicule, étaient analogues au caractère sinistre et comique à la fois des Villèle, des Corbière et des Peyronnet. Le génie absolument terne du ministère actuel appelle une satire plus noire, plus âcre, plus bilieuse ; elle doit être aujourd'hui comme un écho de l'anathême populaire.

Tenter d'ébranler ce colosse avec des épigrammes et des chansons, ce serait la même chose que si l'on voulait démolir d'épaisses fortifications avec des décharges de mousqueterie et sans employer le gros canon. Si, dans la crise où nous sommes, on se contentait de persiffler ou de chansonner le pouvoir, on finirait par justifier le vieux reproche qu'on a fait à la nation, de légèreté et d'insouciance patriotique; d'ailleurs cette apparence de gaieté ajouterait encore à la sécurité et à la hardiesse de nos ministres; ils continueraient à s'appliquer le vieux bon mot de Mazarin. Le moment est venu au contraire de leur inspirer des craintes et de leur faire dire : *Ils ne chantent pas, donc ils ne paieront plus.*

SOMMAIRE.

1830.

✿

Déplorables jouets d'une vaine chimère,
Errons-nous sans espoir sur la tourmente amère?
Vers de meilleurs destins quel phare nous conduit ?
Hélas ! comme un malade, au milieu de la nuit,
Espérant d'adoucir la fièvre qui le brûle,
Prête à tous les conseils une oreille crédule,

Et, dans sa couche ardente en tout sens agité,

A des remèdes vains demande la santé,

La France tour à tour a subi vingt régimes,

Des pouvoirs usurpés, des sceptres légitimes;

Lasse du joug antique, elle a brisé ses rois

Pour le code des Cinq, pour le faisceau des Trois [1],

Royaume, république, empire et puis royaume....

Quarante ans sont passés depuis le jeu de paume,

Où, de ses droits nouveaux un peuple enorgueilli

Écoutait la raison par la voix de Bailly [2];

A travers tant de deuil, tant de maux nécessaires,

Notre culte a fêté quarante anniversaires

De ce jour mémorable, ère de plus grands jours,

Où Paris vit tomber le château des Sept-Tours [3],

Et depuis quarante ans datés de cette aurore,

Pour des droits proclamés nous combattons encore !

Mais le terme est venu, l'heure sonne pour tous
De vaincre ou de tomber sous les suprêmes coups ;
Bientôt retentira dans les salles du Louvre [4]
Le signal imposant où la barrière s'ouvre,
Et sous les yeux du Roi, les deux partis rivaux
Dans une enceinte vierge entreront en champ clos.
Depuis que par Louis la loi nous fut donnée,
Aux regards attentifs de la France étonnée
Jamais plus rude assaut ne fut encor soumis;
C'est le combat d'un peuple avec ses ennemis :
Par de lâches accords ne souillons point l'arène ;
Pour nous, qui proclamons la Charte souveraine,
Pour eux, qui sont voués aux règnes absolus,
Il ne reste qu'un choix, d'être ou de n'être plus.
Plaise au ciel qu'acceptant une éternelle honte,
Ils signent sans péril leur défaite plus prompte,
Et que sans essayer un gigantesque effort
Ils s'éloignent tremblans de ce duel à mort !

Certe ! il avait prédit l'inévitable chute ,

Il a fui le premier cette effrayante lutte;

Lui-même il a pâli sur ce poste glissant ,

L'homme qui demandait quelques gouttes de sang [5];

Si donc ce vétéran usé par la tribune

N'a pu sauver leur cause et régir leur fortune ,

S'il a de son arrêt précipité le jour,

Moins fiers, moins aguerris, qu'ils tombent à leur tour;

Heureux si, comme lui, poussés du ministère

Ils trouvent en tombant l'hermine héréditaire ,

Duvet consolateur où, lassés et meurtris,

Dorment plus mollement tant d'illustres débris !

Mais non , jusqu'à la fin ils embrassent leur rêve :

Comme ces malheureux assignés sur la Grève

Qui comptant sur leur grâce, à l'heure de mourir,

N'osent boire un poison qui peut les secourir,

Làchement résignés au jour d'ignominie,

D'un règne moribond ils traînent l'agonie;

Sans doute que, nourri de quelque grand dessein,

Un espoir de salut fermente dans leur sein :

Je ne sais; mais j'observe avec inquiétude

Leur puissance inactive et leur molle attitude,

Tout, jusqu'à leur repos m'est un sujet d'effroi,

Et ce Prince-ministre est trop calme pour moi;

Rassasié d'affronts, il s'obstine à se taire,

Il oppose à nos cris un front parlementaire;

Epions avec soin ce frauduleux sommeil;

Quel œil a pénétré l'énigme du conseil ?

Dans ce cabinet sombre où l'on dit qu'il travaille,

Que fait-il ? Il prélude à la grande bataille;

Sur les agiles bras du télégraphe anglais [6]

L'ame de Wellington entre dans son palais;

Sans doute qu'inspiré de cet auxiliaire,

Il pétrit de nouveau la mèche incendiaire

Et prépare à la Charte , exécrable calcul !
L'artifice infernal que trompa le Consul.

Eh bien ! qu'ils viennent donc en bataille rangée
Disputer leur défaite à la France outragée;
Qu'ils portent dans les flancs de leurs vastes cartons
Leurs lourds projets de lois, informes avortons ;
Et quand pour leur défense ils auront fait paraître
Quelques rares amis, pâles de les connaître,
En face du sénat, sous ces lambris voûtés,
Qu'ils se montrent debout, qu'ils parlent; écoutez!
Ecoutez ! ou plutôt que leur voix monotone
Comme un bruit importun autour de nous bourdonne;
Que nous sert d'écouter? qu'importent leurs discours?
D'une vieille tactique inutiles détours,
Peut-être viendront-ils dans un perfide exorde
Solliciter nos mains à sceller la concorde,

Et par la trahison certains de triompher,

Caresser notre Charte avant de l'étouffer.

Telle est de leurs pareils la banale formule,

Leur perfide éloquence avec art dissimule;

Ils fascinent d'abord par des regards amis

Le centre débonnaire et les bancs insoumis;

Ils jurent le maintien des libertés publiques,

Moëlleux dans le discours, humbles dans les répliques,

Ministres citoyens, orateurs complaisans,

Dans la salle embaumée ils sèment leurs présens,

Sur leur front paternel la candeur est écrite,

Rien ne coûte, en un mot, à leur zèle hypocrite,

Quand, des deniers publics mendians déhontés [7],

Ils vont passer le tronc devant nos députés.

Il en est temps enfin, trompons leur imposture,

A ce budget béant retenons sa pâture,

Qu'ils tombent; c'est assez d'un règne de sept mois;

Le peuple à la tribune a recouvré sa voix;

Dominateurs furtifs en l'absence du maître,

S'il remonte à sa place, ils doivent disparaître;

Trop long-temps ce brouillard, impure exhalaison,

De la France attristée usurpa l'horizon;

Qu'un regard du soleil dans l'ombre délétère

Refoule ces vapeurs aux brumes d'Angleterre;

Que dans l'oubli des temps plongeant leurs noms proscrits,

D'une riche disgrâce on leur jette le prix;

Rebuts de la faveur et de la politique,

Qu'ils aillent s'engloutir par ordre alphabétique

Dans ce Conseil-d'État, immense réservoir [8]

Où se perd sans retour l'écume du pouvoir.

Mais pourquoi se targuer d'un triomphe illusoire?

Trois jours emporteront cette fausse victoire;

En vain de leur pouvoir brisez-vous les dehors,

Leur ame qui survit émigre en d'autres corps,

Ils conservent toujours sous leur face nouvelle
Ce souffle indestructible émané de Villèle,
Et d'oreille en oreille avec soin retenu,
Le mot-d'ordre éternel passe au dernier venu.
Que dis-je ? quelquefois la faveur arbitraire
Ressuscite au fauteuil un fantôme honoraire ;
De tant d'astres obscurs qu'un signe a dispersés,
Il en est qui, peut-être au centre repoussés,
Graviteront encore au palais des ministres ;
Telles au firmament des comètes sinistres
De leur sanglante ellipse achevant le contour,
A nos yeux effrayés reparaîtront un jour.

Non, non, tant que des lois la terreur salutaire
S'arrêtera sans force aux pieds du ministère,
Tant que pour dénoncer ses ennemis pervers,
La voix du citoyen se perdra dans les airs,

2

Vous les verrez toujours, rivalisant d'audace,

Assiéger du fauteuil l'invulnérable place,

Et, hors de toute atteinte à force d'être grands,

Etaler sans effroi leurs attentats flagrans;

Ainsi, prêtres menteurs de la royale idole,

Ils savourent les chairs que notre culte immole,

Et sûrs d'être impunis sous son autel sacré

Ils torturent le dieu pour qu'il parle à leur gré.

Quoi donc! sans élever un bras qui la protége,

La France toute entière absout leur sacrilége!

Sommes-nous donc sans voix pour les interroger?

Il est un homme seul que nul ne peut juger,

Un seul qui nous défend le murmure et la plainte;

La loi le rend sacré non moins que l'huile sainte;

Sur son trône où nos voix ne peuvent l'assaillir,

Le peuple lit ces mots : « Le Roi ne peut faillir. »

Hors de là tout subit la justice commune,

Elle est toute à chacun, et pour tous elle est une.

Oui, la balance en main, vers les crimes tremblans,

Jusques au fond des bois elle arrive à pas lents;

Aux feuillets de son livre, immuables arbitres,

Les plus faibles délits sont taxés par chapitres;

Pour saisir le coupable et parer l'échafaud,

Les prêtres de la loi ne sont point en défaut:

Au peuple chaque jour ils offrent un exemple;

Devant la grille d'or qui décore leur temple,

Au poteau permanent qu'ils dressent au milieu,

La chair fume et blanchit sous le timbre de feu;

Sur la place voisine avec pompe on amène

L'effrayant mobilier de la justice humaine:

Un peuple tout hideux, contemplateur banal,

De l'œuvre expiatoire appelle le signal:

L'heure sonne, et bientôt la victime abattue

Tombe au pouvoir de l'homme à qui la loi dit: Tue!

Qu'ont-ils fait? Le premier, dans un étroit chemin,

A la bourse d'un riche osa tendre la main;

Ivre de jalousie, ou poussé par la haine,

L'autre a versé le sang..... Ils ont subi leur peine,

C'est bien; et dans trois mois, de ces crimes obscurs

L'histoire se lira sur les angles des murs.

Oui, votre code rouge est digne qu'on le craigne;

La France est un royaume où la justice règne;

Mais, que dans son conseil, l'homme élu du pouvoir

Prépare pour le peuple un massacre du soir;

Que, pressé de bâtir sa fortune perverse,

Sur la bourse publique il fonde son commerce;

Que, riche pour toujours des pauvres qu'il a faits,

Il déploie à leurs yeux ses impudens forfaits;

Alors, on n'entend point de voix accusatrice,

Il nargue sans péril notre molle justice,

Et de l'arrêt public contumace effronté,

Sur le vol et le meurtre il dort en liberté.

Un jour viendra, sans doute, où sur ces hautes têtes

La vindicte publique armera ses tempêtes;

Un mémorable exemple aux coups retentissans

Consternera d'effroi les coupables puissans;

Ce rang qui les soustrait à notre main rigide

Ne sera plus pour eux qu'une impuissante égide;

Du jury plébéien s'ils bravent le regard,

Devant leurs propres Pairs ils auront un Bellart [9];

Jusque dans leurs palais, inutiles refuges,

Le licteur entrera pour les traîner aux juges,

Et nous demanderons, en les voyant passer,

Si leur sang est si pur qu'on n'ose le verser.

Oh! si jamais des rois les faveurs tutélaires

Essayaient le royaume en des mains populaires,

Si ces hommes nouveaux, citoyens comme nous,

Conspiraient une fois pour le bonheur de tous ;

Sans doute que leurs mains, semant un sol vivace,

De l'Etat rajeuni reverdiraient la face.

Il en est temps encore, on peut le secourir ;

Pour extirper la plaie, il faut la découvrir.

Hélas ! pleine de vie, et de force, et de sève,

Dans la France caduque une race s'élève ;

Elle croît ; et, tandis qu'à ses membres dispos

L'extravagant pouvoir commande le repos,

Le fardeau des emplois, la charge la plus rude

Tombent en apanage à la décrépitude :

Dénombrez d'un coup-d'œil ce peuple de commis,

Des greniers de l'État inutiles fourmis,

Qui, journaliers obscurs ou pompeux titulaires,

Se parfument d'honneurs, se gorgent de salaires,

Depuis l'homme doré qui veille auprès du Roi

Jusqu'au noir publicain qui grelotte à l'octroi,

Partout, des ans glacés indélébile outrage,

S'offrent de vieux débris monumens d'un autre âge.

Quoi donc! pour soutenir les droits des citoyens,

La France n'a trouvé qu'un peuple de doyens?

Des quarante ans voulus s'il n'a le privilége,

D'où vient qu'un nom illustre est nul pour le collége?

Est-il trop jeune encore? oui, mais rien ne défend

D'admettre un centenaire, image d'un enfant [10];

Ainsi, pour être né trop tard d'une semaine,

La tribune publique exclut un Démosthène,

Et tel qui de l'État sauverait le destin [11],

Jette son éloquence à Menjaud-Dammartin.

Entrons dans le Sénat : sur ces siéges augustes

Sans doute il est encor des vétérans robustes;

Dans leur corps où le temps n'a pas tout abattu.

Reste une ame énergique, une mâle vertu,

Des regards courageux brillent sous leur paupière;

Là s'élèvent encor La Fayette et Pompière,

Comme deux pins hardis qui, sous les blancs hivers,

Soutiennent noblement leurs rameaux toujours verts,

Comme ces demi-dieux que l'idéale Grèce

Peignait resplendissans d'éternelle jeunesse.

Mais que dans cette enceinte à la voûte placé,

On plonge sur le centre un regard abaissé,

Hélas ! d'un siècle jeune étrange antinomie !

Là tout vient accuser la vieillesse ennemie;

Vous chercheriez en vain dans ces rangs moribonds

Ces paroles de feu qui s'élancent par bonds,

Ce geste impératif, cette voix courageuse

Qui dominent si bien une foule orageuse;

Là réside la goutte aux paresseux genoux,

L'asthme aux flancs agités, l'impérieuse toux,

Le sommeil, de la tombe infaillible présage ;

Aux pans de leurs habits, aux traits de leurs visages,

On croirait voir encor ces premiers hobereaux

Élus par la noblesse aux États-Généraux ;

Telle est la loi du temps ; impuissantes reliques,

Ils craquent sous le poids des affaires publiques ;

Dans le siècle passé peut-être ont-ils vécu ;

Mais après tant d'hivers leur courage est vaincu ;

Et nous, si fiers du sang qui bondit dans nos veines,

Un jour nous deviendrons, comme eux, des ombres vaines.

A cet aveu pénible abaissons notre orgueil :

Même avant de mourir nous entrons au cercueil.

Le ciel a pétri l'homme, être indéfinissable,

D'une essence éternelle et d'un corps périssable ;

Mais sa double existence a d'intimes rapports ;

De même que l'esprit grandit avec le corps,

Avec ce corps usé que la tombe réclame,

Le temps énerve aussi les facultés de l'ame;

L'intelligence esclave obéit à nos sens,

La mémoire s'éteint sous des fronts jaunissans,

Et par les froids hivers sur la tête amassée,

La neige des cheveux engourdit la pensée.

Quand l'homme si long-temps inutile, inconnu,

A son cinquième lustre enfin est parvenu,

Il dépouille dès-lors son ame puérile;

Une fois revêtu de la robe virile,

Citoyen d'un État qu'il a droit de régir,

Il est mûr pour penser et ferme pour agir;

Dès cet âge, où pour lui datent ses destinées,

Son existence active est de quarante années;

Treize lustres complets sont alors révolus;

Avant il ne vit pas, après il ne vit plus.

La jeunesse, en un mot, œuvre préparatoire,

Sert comme de préface à notre courte histoire;

La vieillesse qui suit, l'âge où tout doit finir,
N'en forment que la table et le ressouvenir.

D'où vient donc qu'obstinés à reculer ce terme,
Cramponnés au pouvoir qui veut une main ferme,
De débiles vieillards, au lieu de le quitter,
Traînent un lourd fardeau qu'ils ne peuvent porter ?
Rien ne leur parle donc de leur chute prochaine ?
Pareils à ces acteurs, despotes de la scène,
Qui, privés de mémoire, et de geste, et de voix,
Revendiquent toujours leurs rôles d'autrefois,
Conservant jusqu'au bout un zèle opiniâtre,
A l'active jeunesse ils ferment leur théâtre.
Si donc rien ne suffit à les désabuser,
Puisqu'ils n'abdiquent pas, osons les déposer,
Dérobons leur faiblesse à des efforts funestes ;
Consolons toutefois leurs déplorables restes ;

Respect à nos aïeux! honneur aux cheveux blancs!

Offrons-nous pour appuis à leurs genoux tremblans;

Comme le plus pieux des héros de Pergame,

Portons-les, s'il le faut, même à travers la flamme;

Mais qu'ils laissent, du moins, à leurs fils généreux,

Des soins et des travaux qui sont trop durs pour eux;

Qu'ils charment leurs loisirs de paisibles ouvrages,

Dans leurs champs fortunés qu'ils sèment des ombrages,

Qu'ils livrent leur paresse aux longueurs du sommeil,

Qu'ils se traînent le jour aux rayons du soleil,

Qu'ils président le soir aux foyers domestiques;

Là, nous leur relirons que, dans les jeux antiques,

Les Phénix, les Nestor, athlètes surannés,

Se tenaient hors du cirque à l'écart confinés;

Dans les rangs des lutteurs s'ils eussent pris leur place,

Un long rire homérique eût puni leur audace;

Debout dans le champ clos leurs jeunes fils vaillans

Exprimaient la vigueur de leurs muscles saillans,

Eux seuls osaient prétendre aux palmes olympiques,

Leurs mains seules touchaient à ces disques épiques,

A ces cestes pesans, armure des héros,

Où le plomb s'enlaçait au cuir de sept taureaux.

Tandis que ruisselait dans l'arène ébranlée

Une ardente sueur avec le sang mêlée,

Les groupes des vieillards, sur les gradins assis,

De loin suivaient des yeux le combat indécis,

Et contaient longuement au crédule auditoire

De leurs exploits passés la fabuleuse histoire.

Qu'ils se résignent donc au rôle de Nestor :

A ce prix, on veut bien leur accorder encor

Le courage passif, la force d'inertie,

La prudente lenteur de la diplomatie.

Si jamais d'un tocsin le choc inattendu

Troublait de leur conseil le repos assidu,

Si d'un peuple égaré la force colossale

Venait briser un jour les portes de leur salle,

Calmes et résignés, sans opposer les mains,

Ils périraient sans doute en sénateurs romains ;

Oui, pour ceux dont le sang avec peine circule,

Il est beau de mourir sur la chaise curule ;

Mais à ce désespoir tout homme se résout,

Il est plus glorieux de combattre debout.

Tels parurent jadis ces hommes magnanimes,

Citoyens vertueux ou coupables sublimes,

Tumulteux acteurs par le peuple jetés

Dans nos drames de gloire et de calamités ;

La plupart, pleins de feu, d'avenir, de courage,

De l'Etat chancelant combattaient le naufrage ;

Ils ne sourcillaient pas en face des poignards,

Aux rumeurs de la Plaine, aux cris des Montagnards ;

Dans l'enceinte des lois d'armes enveloppée,

Ils parlaient à l'aspect d'une tête coupée [12].

Bien plus, dès que le peuple, arbitre de leurs jours,

Vers de lointains périls députait leur secours,

Soudain vous les voyiez, aveugles mandataires,

Passer de la tribune aux tentes militaires ;

Foudroyans envoyés du sénat souverain,

Ils tombaient imprévus sur la Meuse et le Rhin.

Tantôt il leur fallait d'une main affermie

Etouffer la révolte et punir l'infamie,

Ou d'un décret de mort organes accablans,

Dégrader Dumouriez gardé par ses hullans [13] ;

Tantôt, de leur présence étonnante magie !

Ils allaient des soldats retremper l'énergie ;

C'est là qu'improvisés au métier des héros,

Dictateurs absolus des faibles généraux,

Dans les rangs qu'exaltait leur voix ferme et sonore,

Montrant aux bataillons l'écharpe tricolore,

Impassibles, au sein du désordre confus,

Illuminés de feux, debout sur les affûts,

De jeunes citoyens vieux par leur renommée
Représentaient le peuple aux regards de l'armée.

Mais pourquoi rappeler des jours qui ne sont plus ?
Jamais, loin du sénat, nos paisibles élus
De la guerre et des camps n'entendront le tumulte ;
La Charte à ses enfans demande un autre culte,
L'océan populaire aux discordantes voix
A cessé de mugir dans le temple des lois,
Et treize vétérans aux fusils pacifiques
Assurent le repos des séances publiques.
Moins de force suffit pour un moindre danger,
Leurs bras bien que tremblans peuvent nous protéger,
Et puisque au nombre seul appartient la victoire,
Pour le premier combat il est permis d'y croire.
Ce côté généreux, notre immuable appui,
Cette gauche autrefois si débile, aujourd'hui

Comme un fleuve, étendant ses sublimes ravages,

Du terrain opposé ronge les bords sauvages;

Au menaçant aspect de ce vaste reflux,

Que feront désormais les hommes absolus?

Sous l'empire légal de ce maître suprême,

Leurs roides volontés fléchiront; et quand même!...

Quand, d'une chance énorme assumant tout le poids,

Ils mettraient leur caprice à la place des lois,

Quand même ils oseraient clouer à force ouverte [14]

L'écriteau de Cromwell sur la Chambre déserte,

Alors même, enlacés dans un commun essor,

Sur le salut du peuple osons compter encor;

Il a fait de sa force une épreuve certaine :

Troublé par le soupçon d'une crise lointaine,

On l'a vu se lever comme un grand citoyen,

Du contrat politique invoquer le maintien,

Et par de saints accords nos villes enchaînées

N'ont poussé qu'un seul cri du Rhin aux Pyrénées.

3

✳

Vous donc que le monarque a mis dans ce haut rang,

Où l'on peut demander l'or et même le sang ;

Hardis préparateurs qui, sans bien les connaître,

Triturez chaque jour la poudre et le salpêtre,

Gardez-vous de tenter un frottement trop dur ;

Quand vous portez un coup, qu'il soit prudent et sûr ;

Songez que sous vos pieds le calme est transitoire :

Depuis les premiers temps de notre antique histoire,

Il existe toujours des Francs et des Gaulois,

Les amis du pouvoir et les amis des lois ;

L'un de ces deux partis soumis au plus habile

Comprime non sans peine une humeur indocile,

Et comme l'ours captif, esclave indépendant,

Sous sa bride de fer obéit en grondant,

Que leur feinte union, trève indéterminée,

Dure de jour en jour ou d'année en année ;

Que le faible, content de dominer le fort,

Dérobe tout prétexte à sa haine qui dort ;

Que du serment commun nul d'entre eux ne s'écarte.

Tant qu'armés de leurs droits, appuyés sur la Charte,

Nos ministres hautains, dispendieux commis,

Viendront nous demander leur salaire promis,

D'un pacte dur pour nous rigides signataires,

Livrons sans murmurer nos deniers tributaires ;

Malheur à l'insensé qui viendrait à dessein

Du poids de son épée aggraver le bassin !

Au moment de l'oser, qu'il médite et qu'il tremble !

On dit que du Conseil où la nuit les rassemble

D'épouvantables bruits vers nous ont circulé,

Que les vagues échos de leurs murs ont parlé

D'édit, de coup d'État ou de lit de justice [15]....

Silence ! que jamais ce mot ne retentisse ;

3*

Le pacte enfreint par eux serait rompu par nous;

Lassé depuis long-temps de marcher à genoux,

Au seul geste, au signal d'un ordre illégitime,

Ce peuple bondirait d'un élan unanime,

Et, brisant sans retour d'arbitraires pouvoirs,

Il se rappellerait le plus saint des devoirs [16].

NOTES.

NOTES.

***

Elle a quitté ses rois
Pour le code des Cinq, pour le faisceau des Trois.

Le Directoire et le gouvernement des consuls. En désignant le premier par le code des Cinq, on a voulu faire allusion à une expression familière à Bonaparte et à quelques généraux de l'époque, qui appelaient les directeurs *les avocats*.

²   Un peuple enorgueilli
Écoutait la raison par la voix de Bailly.

Le temps, qui balaye peu à peu toutes les calomnies contem-
poraines, a vengé la révolution de 1789 des attaques obscures
de quelques écrivains fanatiques. Une génération nouvelle, pure
de ses excès, mais fière de ses résultats, comprend aujourd'hui
quel caractère solennel a marqué son origine. La séance du jeu
de paume surtout, d'où jaillit cette grande lutte entre de nouveaux besoins et de vieux erremens, porte avec elle un type de
grandeur et de majesté qui étonne. Tour à tour reproduite par
l'histoire et la peinture, elle est vivante pour nous comme si elle
était d'hier. Nous voyons encore cette énergique assemblée,
éconduite du lieu ordinaire de ses réunions, ressaisir ses pouvoirs dans une salle vaste et nue. Là, au milieu d'un peuple
ivre de joie, six cents bras se lèvent à la voix de Bailly, six
cents bouches répètent le serment de donner une constitution
à la France. Si l'on veut comparer maintenant cette attitude
calme et imposante aux faiblesses d'une Cour indécise, tour à
tour impuissante à empêcher une régénération et inhabile à y
coopérer, refusant la veille ce qu'elle accordait le lendemain,
se vengeant de la supériorité du Tiers-État par des affronts d'éti-
quette et des humiliations mesquines, alors on pourra juger de

quel côté se trouvaient la force et l'action, et si la victoire n'est pas restée à qui méritait de vaincre!

Le château des Sept-Tours.

La prise de la Bastille, que nous ne ferons qu'indiquer ici, formera le sujet spécial d'une des *Journées de la Révolution*, que nous publierons incessamment. Cette prison d'Etat de la monarchie absolue était pour elle ce qu'est le château des Dardanelles pour le Grand Seigneur. Le peuple français fit justice de la première au 14 juillet; mais les fidèles croyans, malgré leur uniforme européen, ne sont pas encore arrivés à comprendre que le cordon et les prisons d'Etat ne sont plus de notre siècle. Par une cruelle ironie, la tour qui marquait le milieu de la Bastille s'appelait *Tour de la liberté*. C'est dans son enceinte que languirent les plus illustres victimes de l'arbitraire, Pélisson, Voltaire, etc.

« La Bastille, dit M. Dulaure, bâtie d'abord par le fameux
» Etienne Marcel, prévôt des marchands, pour servir de fortifi-
» cation à la porte Saint-Antoine, fut dans la suite considérable-
» ment augmentée par Charles V, et devint une sorte de citadelle,
» le séjour d'un gouverneur et une prison. Des fossés dont la lar-
» geur était de treize toises, et la profondeur de quatre toises un

» pied, s'unissaient à ceux de la ville, et entouraient l'édifice de
» toutes parts ; un chemin de ronde bordait ces fossés.

» La forteresse, longue de trente-quatre toises, large de dix-
» huit hors d'œuvre, et haute, à partir du sol de la cour inté-
» rieure, de douze toises deux pieds trois pouces, était flanquée
» de sept tours circulaires ; ses pierres noircies par le temps, ses
» formes barbares et féodales présentaient un aspect étrange et
» hideux. De la rue Saint-Antoine la vue était bornée par ce châ-
» teau dont la structure [causait aux yeux une impression pres-
» que aussi fâcheuse que sa destination en causait à la pensée. »

⁴ Bientôt retentira dans les salles du Louvre
Le signal imposant où la barrière s'ouvre.

Il eût été facile d'étendre la comparaison entre nos débats par-
lementaires et les champs clos des temps chevaleresques ; le chan-
celier qui annonce l'ouverture des Chambres figure le héraut
d'armes qui introduisait les combattans, après avoir vérifié leurs
armes et blasonné leur écu. C'est le roi qui désigne le jour, l'heure
et le lieu du combat, et, pour compléter la similitude, la messe du
Saint-Esprit rappelle assez bien ces prières que proféraient les
dévots champions au moment de s'égorger.

⁵ *L'homme qui demandait quelques gouttes de sang.*

Malgré l'horreur qui nous saisit encore aujourd'hui, il faut rapporter ici ce trop fameux passage du discours sur les catégories. Voici ce qu'a dit un homme qui naguère était ministre, et qui depuis sa chute est devenu pair de France : .

« Le moment de la justice est venu, s'écrie-t-il ; ses effets doivent
» être prompts et terribles, pour qu'il reste de ces grands exem-
» ples une frayeur salutaire. Eh ! pourquoi craindriez-vous de
» frapper, quand vous voyez les résultats de cette révolution si
» vantée, l'ouvrage de ces pères du peuple arrivés en sabots au
» maniement des affaires publiques ? Pour arrêter leurs trames
» criminelles, *il faut des fers, des bourreaux, des supplices ;* LA
» MORT, LA MORT seule peut effrayer leurs complices, et mettre fin à
» leurs complots. Sachez répandre quelques gouttes de sang !.... »

⁶ Sur les agiles bras du télégraphe anglais
L'ame de Wellington arrive en son palais.

Les interminables voyages de Douvres à Calais et de Calais à Douvres ont long-temps alimenté nos plaisanteries quotidiennes sur M. de Polignac. Le roi Jacques, qui avait tant de fois traversé la Manche, pâlirait aujourd'hui devant notre infatigable voyageur, si souvent ballotté de l'un à l'autre royaume. De tout ce qui a été dit à ce sujet, nous ne connaissons rien de plus concis que les quatre vers suivans qui font partie d'une épître à M. de Martignac, par M. Louis Reybaud, notre compatriote et notre ami :

> Conseiller avorté qui des portes du Louvre
> Se vit déjà vingt fois refoulé jusqu'à Douvre,
> Et vingt fois, épiant les chances du palais,
> Astre des coups d'État reparut à Calais.

> Mendians déhontés,
> Ils vont passer le tronc devant nos députés.

Des récriminations contre le ministère précédent qui a si bien préparé les voies à MM. de Polignac et consorts répugneraient sans doute à notre générosité française. Nous sommes ainsi faits que nous oublions les fautes quand un revers nous apprend qu'elles ont été commises de bonne foi, et trop indulgens pour en blâmer les auteurs, nous nous trouvons tout portés à les plaindre. D'ailleurs la mystification de cour que le cabinet Martignac a essuyée l'a garanti d'un contre-coup de la part de la nation, et une brusque disgrâce au château lui a valu une espèce de popularité. Pauvres hommes d'Etat ! Ils étaient à plain-

dre en effet. Encore essoufflés d'une session longue et laborieuse,
haletant sous le poids d'un budget conquis par tant de veilles,
ils retrouvaient à peine quelques heures de sommeil, quand un
autre est arrivé de Londres botté et éperonné, qui leur a dit :
« C'est très-bien, Messieurs, vous avez travaillé comme de bons
» et loyaux ministres, vous avez parlé, gesticulé, intrigué à notre
» plus grande gloire. Maintenant partez, que nous jouissions de
» vos œuvres : de toute votre défroque le budget seul n'est pas
» révolutionnaire, nous l'acceptons. Du reste, hommes de peine,
» vous avez mérité votre salaire : le voilà, mais partez. » Et ils
sont partis baisant la main qui les frappait, signant eux-mê-
mes leur bulletin d'ostracisme. Ainsi, grâce au nouveau système
qu'ils ont consacré, il sera désormais possible que nous vivions
avec un ministère double et intermittent ; ministère de peuple
durant les sessions, ministère de cour hors des sessions : l'un
pour semer, l'autre pour recueillir ; l'un, de noblesse douteuse,
mais patient, laborieux et lié à la glèbe du budget ; l'autre de
haute race, mais fainéant, âpre à la curée, et vivant des sueurs
de son collègue. *Sic vos non vobis.*

> Dans ce conseil d'État, immense réservoir
> Où se perd sans retour l'écume du pouvoir.

On a souvent fait la statistique complète des hommes qui ont figuré au ministère depuis 89 jusqu'à nos jours, et leur nombre s'est trouvé tel qu'il a fourni matière à un recueil biographique de cinq cents pages in-8. Si là-dessus nous voulons faire le compte partiel de ceux qui nous ont passé sous les yeux depuis la restauration, nous trouvons environ soixante-dix noms plus ou moins célèbres qui ont eu leur part de gouvernement constitutionnel. En quinze ans la proportion est honnête ! Encore si ces expériences se faisaient sans frais pour nous, si on prenait un ministre à l'essai, comme on prend un serviteur à gages, que l'on garde quand on est content de lui, que l'on renvoie soldé quand il déplaît ! Mais non, chacune de ces tentatives est un impôt, chaque passage au ministère est un bon permanent sur la bourse publique, et c'est justice en effet ! On ne sauve pas un Etat pour rien, on n'administre pas nos finances sans conserver une hypothèque sur elles, et quand on a pris la peine de faire voter un budget, c'est bien le moins que les sueurs ministérielles s'y inscrivent en rentes consolatrices. Or, calculons : soixante-dix ministres (soit ministres d'Etat), à 12,000 francs pièce, ci 840,000 francs, et si la progression ascendante continue, nous en serons bientôt pour quelques millions bien et dûment consolidés.

[9] Devant leurs propres Pairs ils auront un Bellart.

On sait trop que ce fut ce procureur-général qui porta la parole à la Chambre des pairs contre la plus illustre victime de nos malheurs politiques; la mort du maréchal Ney a condamné le nom de Bellart à une malheureuse éternité.

¹⁰   Rien ne défend
D'élire un centenaire, image d'un enfant.

La grave question que je soulève ici me semble une des plus essentielles de notre réforme politique. A propos d'une pétition qui fut présentée dans le courant de la session dernière, la Chambre des députés la débattit sérieusement, et nos feuilles périodiques firent jaillir de cette discussion une nouvelle lumière. Depuis lors il a été démontré, comme il l'était avant pour tous les bons esprits, que l'âge fixé pour l'exercice des droits politiques n'est point en harmonie avec nos mœurs et nos besoins actuels. Ne sont-elles pas assez exorbitantes en effet, ces restrictions pécuniaires qui posent en principe que le plus riche est aussi le plus capable, sans frapper encore toute une jeunesse d'ilotisme et d'incapacité? Quoi donc! la génération nouvelle tout à la fois sage et éclairée, nourrie d'études fortes et d'opinions modérées, est-elle donc si inhabile pour qu'on l'écarte, si menaçante pour qu'on la redoute? ou plutôt généreuse et désintéressée, ne craindrait-on pas qu'elle se montrât moins soucieuse d'honneurs et plus pure de vénalité?

Quant à moi, dans mon opinion intime, je pense qu'un gouvernement qui a de l'avenir doit quitter enfin ce système gérontocratique, cette marche moribonde et inerte, pour s'avancer dans sa force et dans son allure jeune et vigoureuse.

Qu'on parcoure les pages de notre révolution, qu'on y cherche ces noms d'hommes saillans qui sont inséparables d'elle, ces membres des quatre Assemblées qui ont retrempé notre caractère politique, orateurs, législateurs, tribuns, directeurs, guerriers, quels qu'ils soient! Avaient-ils des cheveux blancs? Mûris par l'âge, jetaient-ils dans la balance des débats le poids d'une longue expérience? Non : ils étaient tous jeunes et calmes pourtant et profonds! Et je ne fais point ici acception de partis : ces noms célèbres, je les trouve également dans la droite de la Constituante, groupe monarchique et religieux, dans cette Gironde si héroïque et si malheureuse, dans ces Feuillans qui voulaient sauver le trône malgré lui-même, dans les Cinq-Cents, et enfin dans cette Montagne où le talent venait s'allier à une sanglante énergie. Opprimés ou oppresseurs, bourreaux ou victimes, ils étaient tous jeunes, pleins d'avenir et de talent, soutenant leur opinion avec courage et mourant pour elle comme des martyrs.

Il m'a semblé utile de donner ici, comme un appui à mon assertion, la nomenclature de ces hommes si connus. Leur âge, qui se trouve en regard, se rapporte à l'époque où ils parurent sur la scène politique. On remarquera que, d'après notre législation actuelle,

Mirabeau eût été le seul éligible ; les autres roulent tous de 20 à 40 ans.

Barnave, 28 ans.
Barbaroux, 25 ans.
Barras, 30 ans.
Boissy d'Anglas, 34 ans.
Boyer Fonfrède, 25 ans.
Brissot, 27 ans.
Buzot, 30 ans.
Cazalès, 37 ans.
Chapelier, 36 ans.
Carnot, 35 ans.
Chénier, 30 ans.
Danton, 31 ans.
J. Delaunay, 25 ans.
C. Desmoulins, 29 ans.
A. Duport, 31 ans.
Ducos, 25 ans.
Duchâtel, 25 ans.
Stanislas Girardin, 26 ans.
Gensonné, 32 ans.
Guadet, 24 ans.
Goujon, 27 ans.
Hérault Séchelles, 31 ans.
Ysnard, 30 ans.

Camille Jordan, 25 ans.
Lally-Tolendal, 38 ans.
La Fayette, 33 ans.
Lanjuinais, 37 ans.
Louvet, 30 ans.
C. Lameth, 33 ans.
A. Lameth, 30 ans.
Mounier, 31 ans.
Mirabeau, 40 ans.
Pétion, 30 ans.
Pastoret, 34 ans.
Pelet de la Lozère, 33 ans.
Réveillère-Lépeaux, 37 ans.
Robespierre, 31 ans.
Roland, 38 ans.
Rebecqui, 30 ans.
Rabaut-Saint-Étienne, 38 ans.
Saint-Just, 24 ans.
Tallien, 31 ans.
Thuriot, 30 ans.
Thibaudeau, 32 ans.
Vergniaud, 32 ans.

11 Et tel qui de l'État sauverait le destin,
Jette son éloquence à Menjaud-Dammartin.

Le jeune barreau français est riche en talens et en vertus civi-

4

ques ; mais la plupart de ces hommes éloquens, dont chaque jour
révèle le sens exquis et la maturité, sont exclus de nos assemblées
politiques, soit par leur fortune, soit par leur âge : ce n'est pas seu-
lement dans l'enceinte du Palais-de-Justice, c'est dans la France
entière que retentissent les admirables plaidoyers des Barthe, des
Berville, des Dupin jeune, etc. Si je n'ai pas ici compris dans
ces noms celui de M⁰ Mérilhou, c'est pour lui payer plus particulièrement un tribut de reconnaissance pour les soins généreux qu'il m'a prodigués dans mon procès du *Fils de l'Homme ;*
il paraît que ma cause était bien désespérée, puisqu'elle n'a pu
être sauvée même avec le secours de son éloquence.

Je ne suis, et ne serai jamais qu'un simple homme de lettres :
sans doute que ma fortune ne me donnera jamais le droit de
jeter le nom d'un citoyen dans l'urne électorale ; mais du moins
qu'il me soit permis de croire qu'en anticipant un vote illusoire, ce vote sera recueilli un jour par des électeurs patriotes,
et que celui qui parle si bien à la barre pour secourir l'orphelin
et la veuve, pour protéger toutes les infortunes, saura défendre
à la tribune publique la France veuve de sa gloire et presque
orpheline de ses libertés !

¹² Ils parlaient à l'aspect d'une tête coupée.

L'héroïque énergie que déployèrent au 1ᵉʳ prairial les membres de la Convention nationale et son président Boissy d'Anglas prouve à quel point des hommes réunis par le vœu de la loi sont forts contre toute tyrannie. Assiégés dans leur salle par les Jacobins qui voulaient une réaction et par la populace des faubourgs, ils demeurèrent calmes et impassibles, répondant à la menace par le mépris, aux vociférations par le silence. Cet épisode de notre révolution a été retracé par mon compatriote M. Thiers, avec le talent supérieur et la vigueur de coloris qui lui sont habituels :

« Un jeune officier des sections nommé Mally, placé sur les » degrés du bureau, arrache à l'un de ces hommes l'écriteau qu'il » portait sur son chapeau. On tire aussitôt sur lui, et il tombe » blessé de plusieurs coups de feu. Dans ce moment, toutes les » baïonnettes, toutes les piques se dirigent sur le président; on » enferme sa tête dans une haie de fer. C'est Boissy d'Anglas qui » a succédé à André Dumont; il demeure immobile et calme. » Féraud qui s'était relevé accourt au pied de la tribune, s'arra- » che les cheveux, se frappe la poitrine de douleur, et, voyant » le danger du président, s'élance pour aller le couvrir de son » corps. L'un des hommes à piques veut le retenir par l'habit; » un officier, pour dégager Féraud, assène un coup de poing à » l'homme qui le retenait; ce dernier répond au coup de poing » par un coup de pistolet qui atteint le malheureux Féraud dans » l'épaule. L'infortuné jeune homme tombe; on l'entraîne, on le

» foule aux pieds , on l'emporte hors de la salle et on livre son
» cadavre à la populace.

» Boissy d'Anglas demeure calme et impassible au milieu de
» cet épouvantable événement; les baïonnettes et les piques en-
» vironnent encore sa tête. »

Et plus bas :

« Le tumulte recommence et dure plus d'une heure; pendant
» cette scène on apporte une tête au bout d'une baïonnette. On
» la regarde avec effroi , on ne peut la reconnaître. Les uns di-
» sent que c'est celle de Fréron , d'autres que c'est celle de
» Féraud. C'était celle de Féraud, en effet, que des brigands
» avaient coupée, et qu'ils avaient placée au bout d'une baïon-
» nette. Ils la promènent dans la salle au milieu des hurlemens de
» la multitude. La fureur contre le président Boissy d'Anglas re-
» commence; il est de nouveau en péril; on entoure sa tête de
» baïonnettes ; on le couche en joue de tous côtés; mille morts le
» menacent. »

(*Histoire de la Révolution française*, par M. A. Thiers, tome
VII, pages 389 et 391.)

¹³ Ou d'un décret de mort organes accablans,
Dégrader Dumouriez gardé par ses hullans.

Nos lecteurs ne se plaindront pas sans doute que nous empruntions encore à M. Thiers le récit de l'arrestation des cinq commissaires de la Convention, Camus, Bancal, Quinette, Lamarque et Beurnonville.

« Le 1er avril il transporta son quartier-général aux boucs de Saint-Amand, pour être plus rapproché de Condé. Il fit arrêter le fils de Lecointre, député de Versailles, et l'envoya comme otage à Tournai, en priant l'Autrichien Clairfayt de le faire garder en dépôt dans la citadelle. Le 2 au soir, les quatre députés de la Convention, précédés de Beurnonville, arrivèrent chez Dumouriez. Les hussards de Berchiny étaient en bataille devant sa porte, et tout son état-major était rangé autour de lui. Dumouriez embrassa d'abord son ami Beurnonville, et demanda aux députés l'objet de leur mission. Ils refusèrent de s'expliquer devant cette foule d'officiers dont les dispositions leur paraissaient peu rassurantes, et ils voulurent passer dans un appartement voisin. Dumouriez y consentit, mais les officiers exigèrent que la porte en restât ouverte. Camus lui lut alors le décret, en lui enjoignant de s'y soumettre. Dumouriez répondit que l'état de son armée exigeait sa présence, et que lorsqu'elle serait réorganisée, il verrait ce qu'il aurait à faire. Camus insista avec force ; mais Dumouriez répondit qu'il ne serait pas assez dupe pour se rendre à Paris, et se livrer au tribunal révolutionnaire ; que des tigres demandaient sa tête, mais qu'il ne voulait pas là leur donner. Les quatre commissaires l'as-

surèrent en vain qu'on n'en voulait pas à sa personne, qu'ils
répondaient de lui, que cette démarche satisferait la Convention, et qu'il serait bientôt rendu à son armée. Il ne voulut
rien entendre, il les pria de ne pas le pousser à l'extrémité,
et leur dit qu'ils feraient mieux de prendre un arrêté modéré,
par lequel ils déclareraient que dans le moment le général Dumouriez leur avait paru trop nécessaire pour l'arracher à son
armée. Il sortit en achevant ces mots, et leur enjoignit de se
décider. Il repassa alors avec Beurnonville dans la salle où se
trouvait l'état-major, et attendit au milieu de ses officiers l'arrêté
des commissaires. Ceux-ci, avec une noble fermeté, sortirent un
instant après, et lui réitérèrent leur sommation. Voulez-vous
obéir à la Convention? lui dit Camus. — Non, répliqua le
général. — Eh bien! reprit Camus, vous êtes suspendu de vos
fonctions; vos papiers vont être saisis et votre personne arrê-
-tée. — C'est trop fort, s'écria Dumouriez; à moi, hussards!
— Les hussards accoururent. Arrêtez ces gens-là, leur dit-il
en allemand; mais qu'on ne leur fasse aucun mal. — Beurnonville le pria de lui faire partager leur sort. Oui, lui répondit-
il, et je crois vous rendre un véritable service; je vous arrache
au tribunal révolutionnaire. »

(*Histoire de la Révolution française*, par M. A. Thiers, tome
IV, page 118.)

C'est plaisir à voir, quand un Député vient à manquer, combien de candidats se présentent pour briguer sa place. Au fait, le poste est bon; il mène à tout et l'on y trouve à la fois considération et tranquillité. Oh! peut-être verrions-nous moins de concurrens frapper aux portes de nos colléges électoraux, s'il fallait de nos jours, comme au temps des tourmentes révolutionnaires, apporter dans les assemblées législatives ce courage qui brave les dangers du camp, cette énergie qui lutte contre l'échafaud. Nos mandataires à cheveux blancs ont encore la vigueur requise pour une guerre de tribune, mais en est-il beaucoup parmi eux, qui députés par la Convention auprès d'un général Dumouriez, oseraient lui dire en face, au milieu de ses fidèles hussards de Berchiny : « Général, on t'accuse de jouer le rôle de » César; si cela t'arrivait, je prendrais celui de Brutus, et je te » poignarderais. »

Et s'il fallait à la suite d'un compliment aussi énergique signifier à ce général un décret d'arrestation, avec la perspective d'une longue détention à l'étranger, en trouverait-on beaucoup aujourd'hui capables d'un dévouement aussi héroïque? Autres temps, autres mœurs. Le pouvoir exécutif est maintenant distinct du pouvoir législatif, et la France constitutionnelle est moins exigeante que la France républicaine. Facile à s'accommoder de peu, elle est heureuse encore lorsqu'elle trouve des hommes qui font ses affaires et non les leurs, des ames nobles que l'or et les honneurs marchanderaient vainement.

¹⁴ Quand même ils oseraient clouer à force ouverte
L'écriteau de Cromwell sur la Chambre déserte.

Les détails de la révolution anglaise nous sont devenus presque aussi familiers que ceux de la nôtre. Personne n'ignore que Cromwell, cet audacieux Protecteur, eut la hardiesse de faire mettre sur l'enceinte du Parlement un écriteau ainsi conçu : *Maison à louer.*

Quelles que soient nos destinées futures, puissent nos mandataires opposer une résistance courageuse aux menaces ou à la corruption des *Protecteurs* de la France ! Il vaudrait mieux encore que la maison fût à louer que si les locataires étaient à vendre.

¹⁵ D'édit, de coup d'État ou de lit de justice.

« Calomnie toute pure ! » va s'écrier la Gazette qui a le mot d'ordre. « Suppositions coupables des feuilles révolutionnaires! » Le ministère actuel veut la royauté sans concessions, et la » Charte sans empiétement. Telle est sa noble mission : il la • remplira. » C'est bien : mais alors pourquoi vous rabattre chaque jour sur un *pouvoir constituant* plus ancien, plus fort que la Charte ? pourquoi dire que ce qui a été octroyé peut être retiré ? pourquoi surtout imprimer une phrase qui serait une absurdité si elle n'était pas un blasphême : *La royauté gracia la*

révolution qu'elle avait le droit et le pouvoir de punir ? Serviteurs
à gages du ministère, êtes-vous les confidens de ses revêries, ou
ne hasardez-vous que les vôtres ? Vous Gazette, écho des salons
Peyronnet et de l'antichambre Polignac, vous Quotidienne qui
tenez le mot sacramentel de la Camarilla, vous Drapeau blanc,
le Cottu des feuilles monarchiques, qui saviez le secret de Com-
piègne et de Millemont, et qui chaque matin encore montez à
cheval pour charger le Comité directeur dans les rues ; je vous
adjure tous, gros ou petits, dites-moi si les projets subversifs
que l'on a prêtés au ministère sont faux ou vrais ; s'il a eu un
jour l'intention de rétablir la censure par ordonnance, un autre
jour celle de modifier la loi électorale et de refaire violemment
et à sa manière une Chambre introuvable. Non, direz-vous
en chœur, non, c'est une absurdité. Eh bien ! *Credo quia
absurdum.*

Oui, je le crois parce que c'est absurde : un ministère absurde
dans son existence doit être absurde dans ses projets ; c'est un
monstre qui n'est pas né viable, il ne peut se soutenir, il ne
peut vivre que contre nature. Tour à tour rodomont ou patelin,
objet d'indignation ou de pitié, il n'est point d'allure qu'il n'ait
essayée, point de conseils qu'il n'ait écoutés, point de plans
ridicules ou révoltans qu'il n'ait accueillis, pesés tout bas, puis
annoncés tout haut pour sonder l'opinion. Mais frappé de nul-
lité avant d'agir, il s'est cramponné aux marches du trône, et là

mourant de consomption, il a encore voulu consulter tous nos empiriques politiques, songeant tour à tour au remède Cottu, au remède Ouvrard ou au remède Berryer. Ainsi, quoiqu'il n'ait pas agi ouvertement, quoique les idées du jour aient été désavouées le lendemain, le ministère Polignac a tout fait, tout essayé dans l'intérêt de sa conservation : jusqu'à présent ce n'est pas l'imagination qui lui a manqué, c'est le courage.

16 Au seul geste, au signal d'un ordre illégitime,
Ce peuple bondirait d'un élan unanime,
Et, brisant sans retour d'arbitraires pouvoirs,
Il se rappellerait le plus saint des devoirs.

Malgré toute la peine que s'est donnée M. Menjaud de Dammartin pour me prouver le contraire, je persiste à croire qu'il est utile parfois de coucher par écrit des notes explicatives de ma pensée, et de les lancer comme un corollaire à mon texte poétique. Ainsi comme le système interprétatif paraît devenir plus que jamais en vogue et que messieurs du Parquet en usent et en abusent, j'aime mieux, pour leur laisser moins à faire, me servir d'interprète à moi-même. Dans ce dernier passage, j'ai voulu dire et j'ai dit que le jour où l'action du gouvernement s'exercerait d'une manière illégale, où la force remplacerait le droit, la nation devait prouver par une résistance sage et unanime qu'elle ne reconnaît dans notre régime actuel aucun pouvoir plus fort que la loi. J'ai voulu reproduire ce beau mouvement de M. Dupin aîné, dans un plaidoyer célèbre :

« Si l'on se présentait chez moi pour réclamer une taxe que » les pouvoirs législatifs n'auraient pas sanctionnée, je refuserais; » si l'on saisissait mes meubles, je viendrais devant vous, Mes- » sieurs, et je demanderais justice.

(M. DUPIN aîné, procès du Journal des Débats en Cour royale.)

www.ingramcontent.com/pod-product-compliance
Lightning Source LLC
Chambersburg PA
CBHW070947280326
41934CB00009B/2034

* 9 7 8 2 0 1 2 1 5 2 6 1 8 *